AVIS.

Les longs développemens auxquels nous avons été obligé de nous livrer dans cette lettre, ont changé la résolution que nous avions prise d'abord de l'adresser au *Mémorial de Toulouse*, et nous ont déterminé à la publier sous la forme d'une brochure.

3.ME LETTRE
SUR L'ENLÈVEMENT
DES CROIX.

MONSIEUR,

La discussion qui s'est élevée entre M. Dugabé et les écrivains de la *France méridionale*, au sujet de l'enlèvement des Croix, me détermine à publier de nouvelles réflexions sur cette importante question. Elles serviront de complément à celles que le *Mémorial de Toulouse* voulut bien accueillir dans le mois d'octobre dernier.

Nous aurions fait paraître ce troisième article immédiatement après le second, si nous n'avions craint d'entretenir les esprits dans de continuelles alarmes sur l'existence légale de la religion, et si nous n'avions surtout espéré que les événemens deviendraient plus favorables aux catholiques. Mais, grande a été notre erreur, nous voyons bien que nous aussi nous sommes un de ces béats de la liberté qui compte quelques centaines de disciples en France, et quelques milliers en Europe. Force est à nous de le dire : il y a beaucoup d'hommes qui ne veulent la liberté que pour eux. Nous, nous la voulons pour tous. On ne nous verra pas élever des réclamations contre les prêtres sacriléges, qui consomment leur divorce avec les autels , en échangeant avec des créatures le serment éternel qu'ils ont fait à Dieu. Que la loi civile ne prescrive plus l'observation du dimache ; nous le voulons bien ! mais nous demandons aussi que les catholiques ne soient pas contrariés dans leurs affections religieuses ; qu'ils puissent rendre aux signes vénérés de leurs croyances, les hommages qu'ils leur doivent, dans les lieux où leur foi et leur piété les a placés. La justice et la liberté doivent être égales pour tous les citoyens : est-ce trop exiger ?

Nous n'osons dire l'affliction profonde dont les attentats multipliés contre les objets sacrés de notre culte remplissent nos cœurs : il nous serait d'ailleurs impossible d'exprimer la douleur qui pèse sur notre âme ; nous sentons en nous comme un poids immense, qui nous accable.

A Dieu ne plaise qu'en reprenant cette discussion que nous avons commencée depuis cinq ou six mois, nous ayons la prétention de mieux faire que les écrivains qui dans cet intervalle sont descendus pour les mêmes intérêts dans la lice des feuilles publiques ; mais nous voulons rendre encore un hommage solennel à la Croix, et donner ainsi quelques consolations à nos frères les catholiques : nous ne saurions d'ailleurs mieux employer les efforts des faibles talens que Dieu a bien voulu nous donner, qu'à la défense du glorieux étendard de la civilisation et de la liberté.

On veut justifier l'enlèvement des Croix, par les art. 4, 7, 13, 16 et 45 des lois des 3 ventôse an 3, 3 ventôse an 4, 7 vendémiaire an 7, et 18 germinal an 10 ; toutes ces lois prohibent les cérémonies extérieures et même tout vestige des cultes. L'existence des Croix n'est pas autorisée par la charte qui a garanti la liberté individuelle des membres de chaque culte, mais non pas la liberté collective des cultes. Ces Croix blessent la liberté, en ce sens que beaucoup d'hommes qui n'ont pas la foi ou qui ont des croyances différentes de celles des catholiques, les voient avec peine. La prudence commande de les renfermer dans les Temples parce que leur existence au milieu de nos cités trouble l'ordre, ou, parce que du moins elle est une occasion de trouble. Enfin, l'on prétend agir dans l'intérêt de la religion et des catholiques : dans l'intérêt de la religion , parce que les Croix sont placées plus convenablement dans l'intérieur des Eglises que partout ailleurs ; dans l'intérêt des catholiques , parce qu'en enlevant les Croix des places publiques, on leur épargne la peine que la profanation de ce signe de leur foi leur ferait éprouver.

Voilà si nous les avons bien saisis, toutes les raisons dont on se sert , nous allions dire tous les prétextes que l'on allègue pour abattre les Croix.

On invoque donc contre les Croix et les cérémonies extérieures de l'Eglise les lois de l'an 3 et de l'an 4 ; mais ces lois qui ont cessé d'être appliquées depuis plus de vingt ans , et qui sont tombées en désuétude par l'effet d'un usage contraire, ne peuvent plus revivre aujourd'hui. L'esprit de modération et de liberté qui règne dans la charte, ne saurait se concilier avec l'esprit de haine religieuse et de colère qui a dicté ces lois ; dès-lors aussi , elles doivent être considérées comme implicitement abrogées.

Il y a plus , les lois de l'an 3 et de l'an 4 étaient des lois d'exception et de circonstance ; elles étaient repoussées par les constitutions des 14 septembre 1791 et 29 mai 1793 , qui reconnaissent que l'égalité et la liberté étaient *des droits imprescriptibles de l'homme.* La constitution de 1791 reconnaît même pour un de ces droits imprescriptibles *la liberté d'exercer le culte auquel on est attaché ;* assurément , si ces deux constitutions eussent été bien interprétées, et si l'esprit de parti ne les eût pas exploitées à son profit , on n'aurait pas vu les lois de l'an 3 et de l'an 4 qui détruisaient l'égalité des droits établie entre tous les citoyens , et la liberté qui leur était garantie ; ainsi ces lois furent dès leur naissance frappées de nullité , comme tout ce qui est contraire aux *droits naturels , civils et politiques des hommes.*

Mais l'égalité n'était pas violée par les lois précitées ; elles prohibaient les cérémonies et les signes extérieurs de tous les cultes. Vous voulez dire , sans doute , que les droits de tous les citoyens étaient foulés aux pieds ; cela n'affaiblit pas le crime, il inspire même plus d'horreur, et prouve un esprit plus audacieux et plus entreprenant. L'objection ne ressemble pas mal à celle que font certains partisans de l'université, lorsqu'ils vous disent avec un sang-froid imperturbable, qui approche de la niaiserie, que les pères de famille ne peuvent se plaindre que l'on viole à leur égard les principes d'égalité établis dans la charte, puisque tous les pères sont également atteints par les mesures exceptionnelles de l'université. Au surplus, l'objection n'est pas fondée en fait : lorsque l'exercice de tous les cultes chrétiens et surtout du culte catholique, était interdit, on célébrait les fêtes de la raison ; ainsi l'égalité de droits proclamée par la constitution, se trouvait renversée.

La liberté était-elle blessée, nous dit-on, car les constitutions de 91 et 93 portaient que *la liberté consistait à pouvoir faire tout ce qui ne nuisait pas à autrui.* Mais ce principe qui se retrouve dans toutes les législations, ne justifie pas les auteurs des lois de l'an 3 et de l'an 4. Auraient-ils voulu que les catholiques les empêchassent de célébrer leurs fêtes et de se réjouir dans les pompes républicaines ? Que ne faisaient-ils pour les catholiques ce qu'ils auraient voulu que ceux-ci fissent pour eux; la liberté eût été la même pour tous, et n'aurait nui à personne : mais, en vérité, c'est trop insister sur ces lois qui ont cessé d'avoir un effet le jour où les principes de paix et de liberté consacrés par la charte, sont devenus la base et la règle des droits de tous les citoyens français. L'article 70 de la loi fondamentale abolit toutes les parties de la législation qui ne sont plus en harmonie avec les principes qu'elle renferme ; ainsi, on ne peut plus aujourd'hui demander l'application des lois de l'an 3 et de l'an 4.

On invoque la loi du 18 germinal an 10, qui changea ou modifia plusieurs articles du concordat qui reconnaissait que le culte catholique serait public en France. Mais cette loi, faite à l'insu d'une des parties contractantes, et contrairement à ce qui venait d'être arrêté avec elle, n'a ni cette harmonie ni cette bonne foi qui doivent caractériser toute loi juste : d'ailleurs les matières sur lesquelles cette loi statue, sont essentielles au gouvernement de l'Église; se rattachent même plus ou moins directement aux dogmes des catholiques, et se trouvent ainsi hors de la compétence du pouvoir législatif. Dès le 24 mai 1802, le souverain Pontife éleva des réclamations contre cette loi ; le conseil ecclésiastique établi à Paris, fit aussi entendre ses plaintes. Buonaparte, qui poussa si loin l'esprit de domination, ne resta pas entièrement sourd à ces diverses représentations. Une lettre ministérielle du 30 germinal an 11, et un décret du 8 février 1810, ont modifié, en quelques points la loi de germinal : il faut même dire que cette loi ne fut jamais pleinement exécutée sous l'empire : elle a cessé de l'être sous la restauration. Son exécution ne saurait se concilier avec la charte du 7 août ; car, il faut être avant tout conséquent avec ce que l'on dit : ou vous reconnaissez que le catholicisme ne jouit pas de la liberté des cultes, ou vous reconnaissez qu'il en jouit. Dans le premier cas, nous vous dirons que vous auriez dû mettre un article exceptionnel dans la loi politique, contre les catholiques ; du moins vous auriez été de bonne foi : dans ce cas encore vous avez eu tort de reconnaître que le catholicisme est la religion de la majorité ; vous ne voulez pas sans doute que la minorité règne en tyran sur la majorité esclave, et lorsque vous le voudriez, vous ne le pourriez pas. Mais si les catholiques sont libres, on ne peut leur imposer les articles organiques faits sans la participation du souverain Pontife, de celui-là seul qui a le droit de régler tout ce qui concerne la foi et la discipline de l'Église.

Le concordat du 11 juin 1817 s'élève encore contre l'exécution de la loi de l'an 10. Je n'ignore pas que ce concordat ne fût pas présenté aux chambres ; mais le Roi le fit dans les limites de son pouvoir constitutionnel. Les chambres n'avaient contrôle que sur l'accroissement qu'il devait faire éprouver au budget. L'on dit que la révolution politique de juillet a anéanti ce concordat. On aurait raison si le Pape n'avait traité qu'avec la personne du roi alors régnant, pour ses intérêts propres et ceux de ses successeurs immédiats ; mais les intérêts des catholiques et ceux de la religion se trouvent stipulés dans ce traité. Or, ni les catholiques, ni la religion n'ont disparu dans la révolution de juillet : la religion immortelle du Christ a vu plus d'un trône s'écrouler ; elle survit à la ruine des empires, et triomphe toujours des persécutions qu'on lui suscite. L'on doute encore si les traités purement politiques de 1814, 1815 et 1816, ont été détruits par la révolution de juillet, et l'on voudrait qu'elle eût anéanti un traité religieux. L'on refuse des secours aux belges et aux polonais qui veulent reconquérir leur nationalité, parce que l'on se trouve arrêté par des conventions politiques, et l'on croirait pouvoir enlever aux catholiques les bienfaits d'un contrat religieux. Cela, en vérité, est par trop choquant, et ne prouve pas un grand amour de la liberté. Du reste, si nous nous exprimons de la sorte, ce n'est pas que nous soyons ni le partisan, ni le défenseur des concordats : nous voulons seulement défendre les droits des catholiques contre la loi de germinal. Mais nous désirons vivement que le pouvoir religieux se concerte avec le pouvoir politique pour briser à jamais le régime des concordats, qui a été toujours si funeste à la liberté de l'Église et des catholiques. Nous saluons d'avance, avec enthousiasme, le moment de cet heureux affranchissement.

Mais voyons maintenant si l'enlèvement des Croix est permis sous l'empire de la charte du 7 août 1830, sans violer la liberté religieuse qu'elle garantit dans son article 5 ; cet article porte : *Chacun professe sa religion avec une égale liberté et obtient pour son culte la même protection.* En cette disposition est un non-sens ou bien elle stipule la liberté la plus entière.

La loi, dites-vous, n'a garanti que la liberté religieuse des individus, et non la liberté des cultes ;

mais si les individus sont libres , ils peuvent professer leur religion par tous les moyens et sous toutes les formes qu'ils l'entendent : autrement, il ne serait pas vrai de dire que chacun professe sa religion avec liberté ; car professer une religion , c'est suivre tous les rits , toutes les pratiques qu'elle prescrit. Dès-lors , la liberté religieuse des individus implique nécessairement celle des cultes toujours suivis par les individus de la manière que prescrivent les dogmes et la discipline , dont la réunion et l'ensemble forment le culte qui a des prêtres ou des pasteurs pour ministres. Mais votre distinction n'est qu'une subtilité : on voit bien des hommes qui n'appartiennent à aucun culte , mais il n'existe pas de cultes sans disciples. Du moment qu'un culte n'en aurait plus , ce ne serait qu'un objet historique que les savans et les antiquaires iraient consulter de temps en temps dans les musées et les bibliothèques , par amour de la science ou par esprit de curiosité. Ce n'est pas sans doute à ces cultes que la charte a promis la liberté.

Mais lors même que la loi n'aurait accordé la liberté qu'aux individus , vous vous trouveriez dans le même embarras. Si quelqu'un veut planter une croix devant sa maison ou à la porte d'une église , vous ne pourriez y mettre un obstacle. Que lui direz-vous lorsqu'il vous répondra qu'il remplit un devoir pieux de la religion qu'il professe , et *que chacun doit professer sa religion avec liberté.* Mais ce droit qui appartient à un individu , appartient aussi à plusieurs. Ainsi , non-seulement un catholique , mais mille , deux mille , et un plus grand nombre peuvent planter des croix ou faire des processions si bon leur semble , parce que *chacun professe sa religion avec une égale liberté.* Direz-vous , pour proscrire ces cérémonies et ces plantations de croix , que c'est le culte qui se manifeste dans ces actes ? qu'en savez-vous ? vous n'avez aucun droit de descendre dans les consciences ; vous ne savez pas , légalement parlant , et vous ne pouvez pas savoir si ces hommes sont catholiques , et s'ils sont liés entr'eux par des devoirs communs.

Mais la liberté, dites-vous, ne permet pas que les religions s'exercent hors des Temples ou des Églises ; qui le dit ? vous et non pas la loi. Il me semble entendre ces déistes tolérans qui veulent bien la liberté religieuse tant qu'elle se renferme dans la conscience ; mais qui crient à la superstition, si elle se manifeste par des actes extérieurs. Vous aussi vous criez à l'usurpation, si un culte veut se manifester au dehors de l'enceinte des Temples. Si vous voulez que les individus soient libres, il faut bien qu'ils puissent montrer au grand jour la religion à laquelle ils appartiennent, par les actes que cette religion leur prescrit ou leur conseille ; s'ils ne l'osaient pas, ils ne seraient d'aucune religion, et si vous les en empêchiez, la charte n'existerait plus pour eux. Il suffit, dites-vous, qu'ils donnent des signes de leurs croyances dans l'intérieur du Temple. Qu'en savez-vous ? La manifestation de sa religion peut être pour le catholique, par exemple, une affaire de conscience. Il veut accomplir un vœu ou réparer un scandale ; s'il voulait élever un calvaire sur le haut de sa maison, vous ne le lui permettriez pas, et il serait libre d'y établir un observatoire. Vous appelez cela de la liberté. Je vous dis, moi, que ce n'est qu'une amère dérision de la liberté. Hommes politiques, croyans ou incrédules, soyez donc conséquens avec vous-même. Il faut vouloir ou ne pas vouloir la liberté religieuse. Si vous ne la voulez pas, dites-le franchement, l'on saura la Foi qu'il faut avoir dans vos promesses ; mais si vous la voulez réellement, il faut que les cultes puissent s'exercer tels qu'ils sont, sans y rien retrancher : autrement ces cultes ne seraient pas réellement libres ; ils ne seraient que les chimères de votre imagination et les prescriptions de votre tyrannie.

Mais en reconnaissant la liberté des cultes a-t-on excepté les catholiques de ses bienfaits ? Non, sans doute ; nous ne voyons pas que la charte ait voulu en faire des *ilotes* ou des *paria*. Elle a reconnu qu'ils composaient la majorité de la nation. Mais si le culte catholique a une existence légale, il doit rester entièrement libre dans ses cérémonies. Si on l'avait re-

connu moins tel dogme , moins telle pratique , moins
telle cérémonie , moins telle prescription , on conce-
vrait qu'on le ramenât aux termes de la reconnaissance , mais ce ne serait plus alors le catholicisme
qui serait reconnu, mais bien une religion que la
charte aurait créée. Tous les cultes étant déclarés
libres , et la religion catholique étant expressément
reconnue comme la religion de la majorité , il faut la
vouloir avec tous ses dogmes , toutes ses cérémonies ,
toutes ses pratiques. C'est une conséquence que l'on
a dû prévoir au 7 août, et à laquelle on s'est soumis
d'avance. Il faut dire aussi que l'on ne pouvait pas
agir autrement ; puisque l'on faisait une révolution
pour la liberté, on ne pouvait imposer des lois d'exception aux catholiques , changer ou altérer leur
religion , et établir contr'eux le privilége de l'insulte
et de la persécution.

Mais , dit-on , les hommes d'une croyance ne doivent
pas gêner dans leurs exercices religieux les hommes
d'une autre croyance. Oui , sans doute , le droit de
chacun expire avec le droit d'autrui, le devoir du gouvernement est de maintenir le droit de tous. Mais si
l'existence des Croix peut gêner la liberté des cultes ,
on peut en dire autant des Églises. Il faudra donc les
raser , et dans une ville où il existera plusieurs cultes ,
il faudra démolir toutes les Églises et tous les Temples.
Le principe va jusques-là , car ces Églises et ces Temples sont aussi des signes extérieurs des cultes. En
vérité , nous ne savons en quoi l'existence simultanée
des signes symboliques de divers cultes peut blesser la
liberté religieuse. Les catholiques prient pour le re-
tour de leurs frères égarés, dans le sein de l'Église ;
ils demandent à Dieu la conversion des hommes qui
n'ont pas leurs croyances, ou qui n'en ont aucune ;
mais ils n'ont jamais réclamé des punitions contre
les écrivains incrédules. Nous savons que les arrêts
des cours d'assises et les jugemens des tribunaux de
police correctionnelle ne changent pas les cœurs : ce
changement est le fruit de la grâce ; c'est quelque-
fois aussi le travail d'une conviction éclairée par l'étude.

Qu'on s'en rapporte à la sincérité de nos paroles : nous ne serions pas choqués de voir dans les cités les minarets des mosquées s'élever à côté des tours de nos cathédrales. Que les hommes qui n'ont pas la foi, élèvent, s'ils le jugent à propos, sur les places publiques, à côté de nos Croix, le Croissant, signe du mahométisme, ou, mieux encore, qu'ils y placent des poteaux sur lesquels on lira cette inscription : *La religion chrétienne n'est qu'une folie. Dieu n'est jamais venu sur la terre.* Nous ne craignons pas les effets de la liberté. Allez, les hommes vertueux et les infortunés n'iront pas autour de votre Croissant et de vos poteaux. Qu'iraient-ils y faire ? Ils n'y trouveraient ni l'espérance qui soutient les combats de la vertu, ni les consolations religieuses qui calment les douleurs les plus vives. Vous pourrez réunir quelques hommes perdus de mœurs et sans probité. Ces hommes, nous ne vous les envierons pas. Mais eux aussi peut-être, quand ils auront épuisé toutes les voluptés et toutes les amertumes de la vie, viendront se reposer au pied de nos Croix, et y jouir du bonheur que vous leur aviez en vain promis.

Mais, les Croix, dites-vous, troublent l'ordre, ou peuvent devenir une occasion de désordre. Mais un grand écrivain a dit avec beaucoup de raison : *L'ordre public n'est jamais troublé que par la faute de l'autorité chargée de le maintenir. On ne maintient l'ordre qu'en respectant tous les droits.* Le droit des catholiques est de conserver tous les signes extérieurs de leur religion, et de pouvoir faire toutes les cérémonies qu'elle prescrit, tant dans l'intérieur qu'à l'extérieur des Églises. Si le droit des catholiques ne va pas jusques-là, la liberté qu'on leur a promise, n'est rien ; si quelqu'un a la prétention de mettre des entraves à l'exercice public du culte catholique, on doit le réprimer ; le favoriser, ce serait troubler l'ordre. Que *l'autorité se range du côté des devoirs contre les passions ;* bientôt on n'entendra plus parler de ces attentats qui troublent la société. *Toute paix et toute force durable sont dans la justice. Quand on ne sait pas *cela , l'on est incapable de conduire un peuple ; on remue les hommes , on ne les gouverne pas.*

Les Croix sont placées plus convenablement dans l'intérieur des Églises que partout ailleurs. Comme cette observation sied bien dans la bouche de ces hommes qui ne croient pas à la vertu de la Croix !...... Est-ce que la Croix ne figure pas bien sur les édifices religieux ? Pourquoi les chasserions-nous des places publiques ? Ne peut-on pas tracer sur la pierre de ces monumens sacrés cette magnifique inscription : *La Croix a aboli l'esclavage, et rendu les hommes à la liberté ; partout où elle a pénétré , elle a porté les bienfaits de la civilisation ?* Pendant plusieurs siècles la Croix a orné le diadème des rois, les républiques chrétiennes lui devaient la liberté , elle fut le glorieux étendard des peuples de l'Europe , lorsque , dans des temps héroïques, ils marchaient tous comme un seul homme à la délivrance des chrétiens de l'Asie. Depuis des siècles n'est-elle pas dans les temples de la justice la meilleure garantie des jugemens équitables ? n'apprend-elle pas aux juges à se mettre au-dessus des faveurs de César et des terreurs populaires? N'avons-nous pas vu de nos jours les courageux hellènes s'avancer sous la Croix contre les armées ottomanes ? Dans ce moment même , les braves polonais la représentent sur leurs drapeaux. Avec moins de préventions , loin d'enlever la Croix des places publiques, nous la placerions sur les édifices les plus élevés de nos cités, comme un monument de la liberté et de la civilisation.

Mais, dites-vous enfin , la prudence commande de faire rentrer les Croix dans l'intérieur des Églises ; vous voulez épargner aux catholiques le triste spectacle des profanations : votre intérêt pour nous est semblable à celui que Pilate montrait à Jésus-Christ : c'était pour l'arracher à la mort qu'il l'abandonna à la flagellation. Il est rare qu'une lâcheté ne conduise pas à un crime. Pilate fut obligé de souscrire à la condamnation de l'Innocent. Ces hommes d'entre-deux, comme dit Pascal, qui montrent tant de sollicitude pour les signes vénérés de notre culte, seront peut-être les premiers à demander le renversement de nos Temples. Ce n'est pas en cédant aux passions haineuses et impies de quelques turbulens que vous les forcerez à se taire : lorsqu'ils auront obtenu une concession, ils en demanderont une nouvelle. La loi est égale pour tous ; tous ont droit à la liberté. Faites donc respecter les droits et la liberté de tous ; forts de l'autorité de la loi, vous en imposerez aux méchans, et vous obtiendrez l'approbation des bons.

Nous finissons ici notre discussion : nos paroles trouveront sans doute beaucoup de contradicteurs ; elles exciteront la susceptibilité de plusieurs, choqueront les vues d'un plus grand nombre, et éveilleront des remords dans quelques âmes. Était-ce pour nous une raison de nous taire ? N'était-ce pas au contraire une raison de parler ? Dieu ne nous a donné l'intelligence et la parole que pour défendre ses œuvres, et glorifier son nom. Les peines du combat loin de nous éloigner de l'arène des discussions publiques, étaient un nouveau motif pour nous y faire entrer. Nous savons que la vie est une milice ; le catholique est un soldat toujours prêt à combattre pour Dieu et la liberté. Cependant parmi les hommes qui ne partagent pas nos principes catholiques, il en est qui ont pour nous des sentimens généreux ; ils connaissent notre Foi. Ils ne font pas enlever les Croix, parce qu'ils respectent nos croyances, et qu'ils ne veulent pas nous priver des consolations que la vue de la Croix répand dans nos cœurs. Hommes généreux, nous apprécions votre conduite ; recevez ici l'expression de notre vive reconnaissance. Dans nos prières nous élevons pour vous et pour nous, nos mains suppliantes vers le Seigneur. Dans le saint sacrifice, le prêtre mêlera vos noms aux prières mystiques ; le sang de l'agneau sans tache vous sera favorable : un jour vous croirez avec nous à celui qui seul est puissant. Dieu, nous l'espérons, vous conviera au divin banquet où il appelle tous ses enfans, parce que vous avez su respecter la religion et la liberté. O vous français, nos concitoyens, qui insultez les objets sacrés de notre culte, vous ignorez donc notre attachement à la religion ! Nous donnerions notre vie pour qu'ils ne fussent pas profanés ; nous donnerions mille vies si nous les avions. Comment se fait-il que des français blessent ainsi la liberté de leurs frères ? D'où vient que des hommes dont les pères furent catholiques, outragent leur mémoire en insultant des signes qu'eux aussi vénéraient comme nous les vénérons ? Nous voilons notre face, quand, au souvenir des bienfaits du christianisme, nous voyons outrager la Croix, cet étendard de la liberté et de la civilisation. Nous ne savons comment nous expliquer cette ingratitude monstrueuse et cette conduite vandale dans un siècle qui se vante de ses connaissances et qui est fier de ses lumières. Hommes de l'incrédulité, quand cesserez-vous d'inquiéter nos consciences en profanant les objets sacrés de notre vénération ? Nous n'allons pas vous troubler dans vos fêtes et vos plaisirs. Dieu nous est témoin que nous avons pour vous un amour de frère. La charte est pour nous comme pour vous ; laissez-nous donc jouir en paix de la liberté qu'elle nous promet. Nous demandons la conservation de nos Croix, parce qu'elles tempèrent la rigueur de nos peines, et qu'elles soutiennent notre espérance dans nos infortunes. Elles nous seront un gage de la protection du ciel. A l'ombre de la Croix nous craignons moins les calamités du présent et celles de l'avenir. Il nous semble que tant que l'étendard sacré sera déployé sur nos têtes, le sol sur lequel nous marchons sera plus ferme et moins sujet aux éruptions volcaniques. Enfin, en nous montrant au milieu des agitations et des tourmentes de la vie, le port tranquille où une félicité incommensurable sera notre partage, la Croix est pour nous un phare lumineux remplissant de joie et d'espérance le nautonnier qui, surpris au milieu des mers par une nuit profonde, s'effrayait du bruit des vents et de la fureur des flots.

Recévez, etc.

PAULIN DE PUYMIROL.

C........, ce 1er avril 1831.

TOULOUSE, imprimerie de veuve TISLET.